Pe. JÚLIO BRUSTOLONI, C.Ss.R.

Novena pela beatificação do servo de Deus Padre Vítor Coelho

DIREÇÃO EDITORIAL:
Pe. Fábio Evaristo Resende Silva, C.Ss.R.

REVISÃO:
Manuela Ruybal

COORDENAÇÃO EDITORIAL:
Ana Lúcia de Castro Leite

DIAGRAMAÇÃO E CAPA:
Bruno Olivoto

COPIDESQUE:
Luana Galvão

FOTO DA CAPA: Pe. José Geraldo Rodrigues, C.Ss.R.

ISBN 978-85-369-0442-9

A marca FSC® é a garantia de que a madeira utilizada na fabricação do papel deste livro provém de florestas que foram gerenciadas de maneira ambientalmente correta, socialmente justa e economicamente viável.

Este livro foi composto com as famílias tipográficas Calibri e Bellevue e impresso em papel Offset 75g/m² pela **Gráfica Santuário.**

2ª impressão

Todos os direitos reservados à **EDITORA SANTUÁRIO** – 2019

Rua Pe. Claro Monteiro, 342 – 12570-000 – Aparecida-SP
Tel.: 12 3104-2000 – Televendas: 0800 - 16 00 04
www.editorasantuario.com.br
vendas@editorasantuario.com.br

Padre Vítor Coelho

Padre Vítor Coelho nasceu na cidade de Sacramento, Minas Gerais, a 22 de setembro de 1899, onde foi batizado. Seus pais eram: Leão Coelho de Almeida e Maria Sebastiana Alves Moreira. Leão, natural de São João da Barra, RJ, estudou em Paris. Tornou-se um homem descrente; não tinha boa formação religiosa. Sua mãe, natural de Sacramento, MG, era uma mulher meiga e piedosa. Casaram-se no civil e no religioso em Sacramento, a 20 de janeiro de 1897. Vítor era o segundo filho do casal. A mãe faleceu ainda jovem de tuberculose, e o pai Leão ultrapassou os 90 anos.

Aos 7 anos, Vítor esteve à morte por três dias, com forte febre, que comprometeu seus pulmões. Em duas outras ocasiões, a tuberculose ameaçou sua vida: em 1921, na Alemanha, e em 1941, nas missões. Aos 8 anos, ficou órfão de mãe. Como seu pai não podia cuidar dele por lecionar na zona rural, entregou o menino aos cuidados da avó materna, que também não deu conta de educá-lo. Sem o amparo da mãe, tornou-se um moleque, aprendendo com os companheiros de rua vícios e molecagens. Seu primo, padre e pároco de Bangu, no Rio, Cônego Vítor Coelho de Almeida, que também fracassara na tentativa de educá-lo, internou-o, em 1911, no Colégio de Santo Afonso, em Aparecida. Seu pai, ao receber essa notícia, converteu-se, voltando à prática da religião. Aconselhado por amigos, ele havia feito uma promessa a Nossa Senhora Aparecida para conseguir colocar seu filho em um Colégio.

Tocado pela graça de Deus, Vítor também mudou de comportamento e decidiu seguir a vocação de missionário redentorista. Recebeu o hábito a 1° de agosto de 1917 e fez os votos religiosos na Congregação Redentorista, a 2 de agosto de 1918. Iniciou logo os estudos superiores em Aparecida, continuando-os na Alemanha, para onde viajou em 1920. Foi ordenado padre em *Gars am Inn*, a 5 de agosto de 1923, voltando para o Brasil em setembro de 1924.

Padre Vítor trabalhou com muito zelo nas Santas Missões, na Rádio Aparecida e no Santuário. Foi bom catequista (1925-1930), mostrando muito amor às crianças e zelo no preparo de boas catequistas. Ele não queria que as crianças sofressem o que ele sofreu por falta de instrução religiosa.

Durante 10 anos (1931-1940), dedicou-se à pregação direta das santas missões, revelando seu carisma de pregador. Anunciando a misericórdia de Cristo, levou grande número de pessoas à conversão: sua fama atraía multidões. As crianças não perdiam a missãozinha especial para elas. Sabia despertar nos meninos o interesse pela vocação de missionário. Muitos redentoristas lhe devem essa vocação.

Atingido gravemente pela tuberculose, em agosto de 1940, retirou-se para o Sanatório da Divina Providência, em Campos do Jordão, SP, em janeiro de 1941, onde aprendeu com o Cristo Sofredor o mistério da dor e da solidão. Esteve muito mal durante quatro anos (1941-1944), chegando a perder um dos pulmões. Ele atribuiu sua cura à oração do servo de Deus, Padre Eustáquio, que o visitara na ocasião. A solidão do Sanatório foi a bênção de Deus no caminho de sua vida. Transformou o ambiente do Sanatório, despertando nos doentes amor à vida e muita confiança em Cristo.

Em 1948, já recuperado, voltou para Aparecida, onde Deus lhe indicou um novo caminho de ser missionário. Começou, então, sua missão carismática de pregador da Palavra convertedora aos romeiros. Incentivou a fundação da Rádio Aparecida e, desde sua inauguração, a 8 de setembro de 1951, foi sua voz profética durante 36 anos. Seus assuntos prediletos eram: catequese, Sagrada Escritura, formação de comunidades rurais e Doutrina Social da Igreja. A audiência cativa de seus programas era enorme; até membros de igrejas evangélicas apreciavam suas lições sobre a Bíblia Sagrada.

O povo chamava-o de "santo" já em vida. Lutou contra seu gênio agressivo e extrovertido, herdado de sua avó francesa, Victorine Cousin. Humilde, porém, sabia pedir perdão, o que fez muitas vezes em público. Considerava-se indigno de ser sacerdote por causa do mau comportamento da infância. Costumava dizer: "*Sou filho da misericórdia de Deus, ele me tirou do lodo, de lá de baixo, para me colocar bem alto na vocação de sacerdote*". Foi nessa direção que desenvolveu toda a sua virtude e todo o seu zelo apostólico. Possuía uma fé inquebrantável, conformidade com a vontade de Deus, fervor na oração, ardor no zelo da salvação das almas. Com grande unção procurava incutir em seus evangelizados a mesma confiança na misericórdia de Cristo e de Maria. A devoção a Nossa Senhora Aparecida foi a força de sua piedade pessoal e de seu zelo na pregação, procurando levar todos à prática da vida cristã. Os peregrinos que vinham a Aparecida, depois de visitar Nossa Senhora, não dispensavam a palavra e a bênção do Padre Vítor Coelho. Faleceu no dia 21 de julho de 1987.

Orações para todos os dias

1. Oração inicial

— Em nome do Pai, do Filho e do Espírito Santo. Amém.

— Ó Deus de bondade, que sois glorificado na vida de todos os vossos santos, porque, coroando seus méritos, exaltais vossos dons. Hoje vos agradeço, especialmente, porque me destes Padre Vítor como exemplo de confiança na misericórdia de vosso Filho Jesus Cristo e de zelo na pregação de vossa Palavra. Eu vos peço que o glorifiqueis, se for da vossa santíssima vontade, para que todos o tenham como seu modelo e intercessor junto de vós. Por Cristo, nosso Senhor. Amém.

2. Orações conclusivas

— Trindade santa, eu vos agradeço e vos louvo a vida e as virtudes de vosso servo, Padre Vítor Coelho. Bendito seja Deus para sempre!

– Senhor meu Deus, eu vos agradeço, porque lhe concedestes profunda fé em Jesus Cristo. Bendito seja Deus para sempre!

– Trindade santa, eu vos bendigo, porque despertastes em sua alma inabalável confiança na misericórdia de vosso Filho Jesus Cristo. Bendito seja Deus para sempre!

– Senhor meu Deus, eu vos adoro e agradeço, porque ornastes Padre Vítor com profundo amor a Jesus Cristo, que o levou a se dedicar com zelo e amor ao anúncio da Boa-Nova da salvação aos mais pobres e abandonados. Bendito seja Deus para sempre.

– Senhor meu Deus, eu vos agradeço, porque lhe destes o carisma de levar as pessoas até Jesus Cristo pela conversão pessoal. Bendito seja Deus para sempre!

– **Pai nosso, que estais nos céus...**

Oremos: Ó Deus de infinita bondade, que, no caminho da salvação, ajudais em minha fraqueza com o testemunho e a intercessão de vossos santos, eu vos peço que me concedais ter grande confiança em vossa misericórdia. Peço-vos ainda, pela intercessão do Servo de Deus

Padre Vítor Coelho, a graça de minha conversão pessoal e a graça particular *(mencionar a graça desejada)* que desejo receber nesta novena. Por Cristo, nosso Senhor. Amém.

3. Consagração a Nossa Senhora Aparecida

Ó Maria Santíssima, pelos méritos de Nosso Senhor Jesus Cristo, em vossa querida imagem de Aparecida, espalhais inúmeros benefícios sobre todo o Brasil. Eu, embora indigno de pertencer ao número de vossos filhos e filhas, mas cheio do desejo de participar dos benefícios de vossa misericórdia, prostrado a vossos pés, consagro-vos o meu entendimento, para que sempre pense no amor que mereceis; consagro-vos a minha língua, para que sempre vos louve e propague a vossa devoção; consagro-vos o meu coração, para que, depois de Deus, vos ame sobre todas as coisas. Recebei-me, ó Rainha incomparável, vós que o Cristo crucificado deu-nos por Mãe, no ditoso número de vossos filhos e filhas; acolhei-me debaixo de vossa proteção; socorrei-me em todas as minhas necessidades, espirituais e temporais, sobretudo na hora de minha morte. Abençoai-me, ó celestial cooperadora, e, com vossa poderosa intercessão, fortalecei-me em minha fraqueza, a fim de que, servindo-vos fielmente nesta vida, possa louvar-vos, amar-vos e dar-vos graças no céu, por toda eternidade. Assim seja!

Que, pela intercessão de Nossa Senhora Aparecida, abençoe-nos o Deus da vida. Em nome Pai, do Filho e do Espírito Santo. Amém.

1º Dia
Deus nos chama pelo nome

1. Oração inicial *(p. 8)*

2. Palavra de Deus *(Is 49,1-2)*

Do seio materno, Javé me chamou, desde o ventre de minha mãe pronunciou meu nome. Fez de minha boca uma espada afiada, escondeu-me na sombra de sua mão, tornou-me como flecha pontiaguda, guardou-me em sua aljava.
– Palavra do Senhor!

3. Refletindo a Palavra

Deus conhece cada um de nós pelo nome e nos predestina para a salvação. Deus tem seus caminhos para dirigir seus eleitos; nem sempre esses caminhos são facilmente reconhecidos. Às vezes, a gente chega a duvidar que, em certas circunstâncias, Deus queira algo de bom e maravilhoso para nós. No entanto, esta é a verdade: Deus dispõe tudo conforme sua sabedoria e sua vontade e sabe conduzir cada um de nós para o rumo certo da salvação, apesar dos caminhos tortuosos de nossos pecados e misérias humanas. As circunstâncias da infância do Padre Vítor nos desconcertam, pois nada se poderia prever de bom depois que perdeu a mãe e ficou abandonado na rua. Uma criança sem ter quem lhe falasse de Deus, sem quem a conduzisse para o bom caminho. No entanto, na hora certa, Deus tudo dispôs para conduzir seu filho Vítor para o caminho da virtude e da santidade.

4. Olhando para minha vida

a) Todos fomos chamados para uma missão. Qual é minha vocação?
b) Como tenho vivido o chamado de Deus?

5. Orações conclusivas *(p. 8)*

6. Consagração a Nossa Senhora Aparecida *(p. 10)*

2º Dia
Amor à vida

1. Oração inicial *(p. 8)*

2. Palavra de Deus *(Gn 1,26-31)*

Deus disse: "Façamos o ser humano a nossa imagem, como nossa semelhança; domine sobre os peixes do mar e sobre as aves do céu, sobre os animais domésticos, sobre todos os animais selvagens e sobre todos os répteis que rastejam pelo chão". E Deus criou o ser humano a sua imagem; à imagem de Deus o criou: homem e mulher os criou; Deus os abençoou e disse: "Sede fecundos e multiplicai-vos, enchei a terra e submetei-a; dominai sobre os peixes do mar, sobre as aves do céu e sobre todo ser vivo que rasteja pelo chão". E assim aconteceu. Deus viu tudo que havia feito: era muito bom.

– Palavra do Senhor!

3. Refletindo a Palavra

Padre Vítor amava a vida presente, desejando alcançar depois dela a vida eterna. Em um dos últimos programas na Rádio Aparecida, ele louvava a Deus o grande dom da vida, dom que ele amava, e procurou valorizá-lo em favor do Reino de Deus. Como era dia de seu aniversário, dia 22 de setembro, ele se referia à primavera que acabava de desabrochar: "A primavera começou, a vida também começa; tudo o que é humano tem berço, tem origem. Aquele que nunca começou é a Fonte, e fonte de todas as fontes, é o Eterno, o Imenso, o Todo-Poderoso, infinitamente santo, justo e misericordioso: Deus. Ele é o princípio, que não teve princípio; o Pai, a ideia eterna do amor, Deus. A primavera é um louvor a Deus, como todas as fontes, todas as plantas, todos os seres, enfim, são louvores a Deus. Pela vida o homem louva a Deus. Eu nasci de minha mãe, recebi vida humana. Esta vida veio de Deus; Ele é a única e eterna fonte da vida".

4. Olhando para minha vida

a) Como tenho cuidado da vida que existe em mim e do mundo a minha volta?
b) Qual o sentido da vida para mim?

5. Orações conclusivas *(p. 8)*

6. Consagração a Nossa Senhora Aparecida *(p. 10)*

3º Dia
Batismo, primeiro chamado de Deus

1. Oração inicial *(p. 8)*

2. Palavra de Deus *(Gl 3,26-28)*

"Irmãos, com efeito, vós todos sois filhos de Deus pela fé em Cristo Jesus. Vós todos, que fostes batizados em Cristo, revestistes-vos de Cristo. Não há mais judeu ou grego, escravo ou livre, homem ou mulher: pois todos vós sois um só em Cristo Jesus."
– Palavra do Senhor!

3. Refletindo a Palavra

Uma vez predestinados à salvação, Deus nos criou como pessoa humana e nos chamou para a vida cristã. Nós fomos batizados e passamos a participar da vida de Deus, em Cristo Jesus. Padre Vítor apreciava esta graça e esta dignidade de filho de Deus. Ele se empenhou em viver essa nova vida em Cristo, em revestir-se do homem novo para que Cristo vivesse nele. Procurou a perfeição da vida cristã. Empenhou-se igualmente para que as pessoas que o ouviam, tanto na Rádio como no Santuário de Aparecida, vivessem a nova vida, que nasce do batismo. Com palavras cheias de unção, procurava despertar nelas o desejo e a busca dessa vida nova.

4. Olhando para minha vida

    a) Como tenho vivido meu batismo?
    b) Tenho sido sal da terra e luz do mundo?

5. Orações conclusivas *(p. 8)*

6. Consagração a Nossa Senhora Aparecida *(p. 10)*

4º Dia
Amor à Palavra de Deus

1. Oração inicial *(p. 8)*

2. Palavra de Deus *(At 13,47-49)*

Esta é ordem que o Senhor nos deu: *"Eu te fiz luz das nações para levares a salvação até os confins da terra"*. Os não judeus se alegraram quando ouviram isto e glorificavam a palavra do Senhor. Todos os que eram destinados à salvação eterna abraçaram a fé. Deste modo, a palavra do Senhor espalhava-se por todos os lugares.
– Palavra do Senhor!

3. Refletindo a Palavra

A Bíblia, especialmente o livro dos Salmos, fala continuamente da alegria e da confiança dos que ouvem e praticam a Palavra de Deus. A leitura da Palavra e sua meditação são uma poderosa força de santificação. A Escritura afirma que a Palavra é eficaz, é como a chuva ou orvalho que cai do céu e não volta sem frutificar. Padre Vítor amava tanto a Palavra de Deus, que podemos dizer que esta foi sua maior virtude. Realmente sua força de convicção foi a Palavra convertedora do Evangelho. Se você lê com piedade a Palavra de Deus, certamente sentirá a transformação que ela vai produzir em sua vida.

4. Olhando para minha vida

a) Qual é a importância da Palavra de Deus em minha vida?
b) O que tenho feito para tornar o Evangelho mais conhecido?

5. Orações conclusivas *(p. 8)*

6. Consagração a Nossa Senhora Aparecida *(p. 10)*

5º Dia
Amor à Igreja de Cristo

1. Oração inicial *(p. 8)*

2. Palavra de Deus *(Mt 28,16-20)*

Os onze discípulos voltaram à Galileia, à montanha que Jesus lhes tinha indicado. Quando o viram, prostraram-se; mas alguns tiveram dúvida. Jesus se aproximou deles e disse: "Foi-me dada toda a autoridade no céu e na terra. Ide, pois, fazei discípulos entre todas as nações, batizai-os em nome do Pai, do Filho e do Espírito Santo. Ensinai-lhes a observar tudo o que vos tenho ordenado. Eis que estou convosco todos os dias até o fim dos tempos".
– Palavra da Salvação!

3. Refletindo a Palavra

Anunciar o Evangelho e formar comunidades foi a missão que os apóstolos receberam na despedida de Cristo, na Ascensão. A Igreja e todas as comunidades nasceram da meditação da doutrina dos apóstolos, junto da celebração da Eucaristia. Esses temas eram os mais queridos do Padre Vítor, que sabia expor ao povo com clareza. Ele buscava convencer as pessoas, tanto na Rádio como no Santuário, a formar comunidade para o culto da Palavra e da Eucaristia. Procure você também participar de sua comunidade. Busque na Eucaristia a força para isso.

4. Olhando para minha vida

a) Para mim, o que é a Igreja?
b) Como tenho participado de minha comunidade?

5. Orações conclusivas *(p. 8)*

6. Consagração a Nossa Senhora Aparecida *(p. 10)*

6º Dia
Missionário do Redentor

1. Oração inicial *(p. 8)*

2. Palavra de Deus *(Lc 9,57-60)*

Enquanto estavam a caminho, alguém disse a Jesus: "Eu te seguirei aonde quer que tu vás". Jesus respondeu: "As raposas têm tocas e os pássaros do céu têm ninhos; mas o Filho do Homem não tem onde repousar a cabeça". Então disse a outro: "Segue-me". Este respondeu: "Deixa-me primeiro ir enterrar meu pai". Jesus respondeu: "Deixa que os mortos enterrem seus mortos; mas tu vai e anuncia o Reino de Deus".
– Palavra da Salvação!

3. Refletindo a Palavra

Nessa passagem do Evangelho, vemos algumas pessoas pedindo para seguir os passos de Jesus, que anunciava o Reino de Deus. Seguir Jesus é um dever de todo batizado. Entretanto, para seguir os passos de Jesus, é necessário desapegar-se de tudo e estar disponível para anunciar o Reino de Deus. Padre Vítor Coelho ouviu o chamado de Cristo e deixou sua terra, sua família, para se tornar missionário de Cristo. Desapegou-se de tudo para ser missionário redentorista. A devoção e a confiança em Nossa Senhora Aparecida lhe deram força para repartir com os irmãos mais abandonados a abundante Redenção de Cristo

4. Olhando para minha vida

a) Como vivo minha vocação de discípulo de Jesus?
b) De quais coisas preciso me desapegar para tornar-me mais livre para amar e servir?

5. Orações conclusivas *(p. 8)*

6. Consagração a Nossa Senhora Aparecida *(p. 10)*

7º Dia
Fé profunda em Jesus Cristo

1. Oração inicial *(p. 8)*

2. Palavra de Deus *(Jo 14,1-4)*

Disse Jesus: "Não se perturbe vosso coração! Vós credes em Deus, crede em mim também! Na casa de meu Pai há muitas moradas. Se não, eu vo-lo teria dito; vou preparar-vos um lugar. Depois de ter ido e vos ter preparado um lugar, voltarei e vos tomarei comigo; para que, onde eu estiver, vós estejais também. E vós conheceis o caminho do lugar para onde vou".
– Palavra da Salvação!

3. Refletindo a Palavra

Padre Vítor sempre advertia o povo sobre as superstições, crendices e interpretações fundamentalistas sobre a Bíblia. Como bom missionário, ele buscava ajudar o povo a descobrir a razão de sua fé em Jesus Cristo. Pedia que todos estudassem o catecismo, lessem e ouvissem a Palavra de Deus. Mas, como a fé é um dom gratuito de Deus, deve ser pedida continuamente. É preciso que nossa fé se aprofunde e se torne cada vez mais consciente. Para isso devemos estudar, rezar e praticar o que acreditamos.

4. Olhando para minha vida

a) O que tenho feito para cultivar minha fé?
b) Em que a fé em Jesus Cristo mais me ajuda?

5. Orações conclusivas *(p. 8)*

6. Consagração a Nossa Senhora Aparecida *(p. 10)*

8º Dia
Confiança na misericórdia de Cristo

1. Oração inicial *(p. 8)*

2. Palavra de Deus *(Ef 2,3-8)*

E, como os demais, éramos, por natureza, destinados à ira. Mas Deus, rico em misericórdia, pelo imenso amor com que nos amou, quando ainda estávamos mortos por causa de nossos pecados, deu-nos a vida com Cristo. É por graça que fostes salvos! Assim, por sua bondade para conosco no Cristo Jesus, Deus quis mostrar, nos séculos futuros, a incomparável riqueza de sua graça. É pela graça que fostes salvos, mediante a fé. E isto não vem de vós: é dom de Deus!
– Palavra do Senhor!

3. Refletindo a Palavra

Nossa salvação é puro dom gratuito de Deus. Assim fomos chamados à dignidade de filhos de Deus por sua misericórdia. E devemos confiar que, pelos méritos de Jesus Cristo, receberemos a recompensa eterna. A confiança na misericórdia de Deus é o melhor caminho para merecermos sua graça e sua ajuda em nossa vida cristã. Padre Vítor Coelho foi exemplo dessa confiança. Levado por ela, entregou-se totalmente a Cristo e tudo fez para que as pessoas também confiassem nele, não temessem seus pecados, mas buscassem Jesus Cristo com amor e arrependimento. Procure você também despertar, nesta novena, profunda confiança em Jesus Cristo.

4. Olhando para minha vida

a) Como tenho acolhido a misericórdia divina em minha vida?
b) O que significa dizer que o amor de Deus é gratuito?

5. Orações conclusivas *(p. 8)*

6. Consagração a Nossa Senhora Aparecida *(p. 10)*

9º Dia
Filial confiança em Maria

1. Oração inicial *(p. 8)*

2. Palavra de Deus *(Jo 19,25-27)*

Junto à cruz de Jesus, estavam de pé sua mãe e a irmã de sua mãe, Maria de Cléofas, e Maria Madalena. Jesus, ao ver sua mãe e, ao lado dela, o discípulo que ele amava, disse à mãe: "Mulher, eis o teu filho!" Depois disse ao discípulo: "Eis a tua mãe!" A partir daquela hora, o discípulo a acolheu consigo.

– Palavra da Salvação!

3. Refletindo a Palavra

Dizia Santo Afonso: "Está fora de dúvida que pelos merecimentos de Jesus Cristo foi concedida a Maria a grande autoridade de ser medianeira de nossa salvação, não de justiça, mas de graça e de intercessão. Quando suplicamos a Maria Santíssima que nos obtenha as graças, não é que desconfiemos da misericórdia divina, mas é muito antes porque desconfiamos de nossa própria indignidade. Recomendemo-nos, por isso, a Maria para que supra a sua dignidade, a nossa miséria". Seguindo essas palavras de Santo Afonso Maria de Ligório, Padre Vítor procurou por todos os meios levar nosso povo a confiar em Maria. Seu amor e sua confiança em Nossa Senhora Aparecida eram ilimitados e tanto desejava que fosse também a confiança do povo.

4. Olhando para minha vida

a) O que mais preciso aprender com a Mãe de Jesus?
b) Em que momentos recorro à intercessão de Maria?

5. Orações conclusivas *(p. 8)*

6. Consagração a Nossa Senhora Aparecida *(p. 10)*

Índice

Padre Vítor Coelho 3

Orações para todos os dias............................... 8

1° Dia: Deus nos chama pelo nome................. 12

2° Dia: Amor à vida 14

3° Dia: Batismo, primeiro chamado de Deus.... 17

4° Dia: Amor à Palavra de Deus 19

5° Dia: Amor à Igreja de Cristo 21

6° Dia: Missionário do Redentor 23

7° Dia: Fé profunda em Jesus Cristo 25

8° Dia: Confiança na misericórdia de Cristo 27

9° Dia: Filial confiança em Maria 29

Se você alcançou alguma graça, escreva-nos contando:

Causa do Padre Vítor Coelho de Almeida
Caixa Postal 1 – CEP 12.570-970
Aparecida-SP
E-mail: padrevitorcoelho@gmail.com
Telefone: (12) 3311-2757
　　　　　(12) 3013-2909

Colabore com a causa de beatificação do Padre Vítor Coelho, depositando seu donativo na seguinte conta:

Banco do Brasil ou Agência Correios
Agência: 1451-6
Conta: 105230-6